AF234887

Impressum
Verlag: BABADADA GmbH, Nedderfeld 112 , 22529 Hamburg
Geschäftsführer / Verlagsleitung: Harald Hof
Druck: Books on Demand GmbH, In de Tarpen 42, 22848 Norderstedt

Imprint
Publisher: BABADADA GmbH, Nedderfeld 112 , 22529 Hamburg, Germany
Managing Director / Publishing direction: Harald Hof
Print: Books on Demand GmbH, In de Tarpen 42, 22848 Norderstedt

skool
école

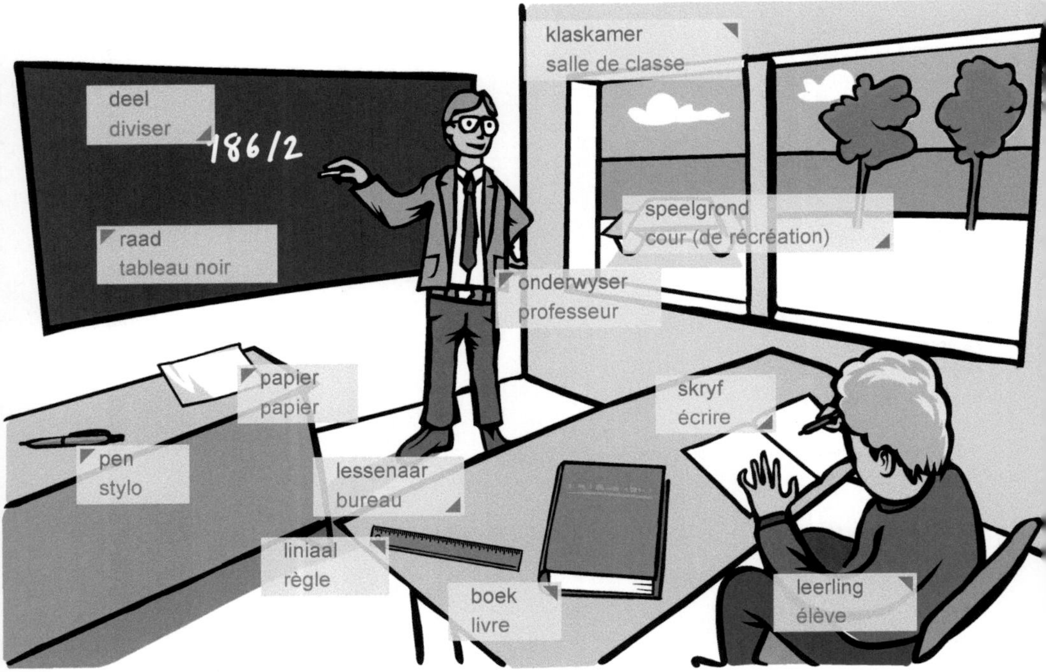

klaskamer
salle de classe
deel
diviser
186/2
raad
tableau noir
speelgrond
cour (de récréation)
onderwyser
professeur
papier
papier
skryf
écrire
pen
stylo
lessenaar
bureau
liniaal
règle
boek
livre
leerling
élève

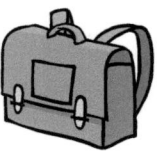

skooltas

cartable

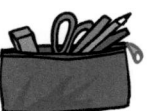

potloodhouer

trousse

potlood

crayon

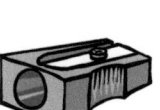

skerpmaker

taille-crayon

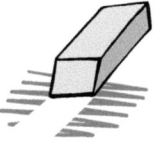

rubber

gomme

tekenblok

carnet à dessin

tekening

dessin

verfkwas

pinceau

verfoppervlak

boîte de peinture

skêr

ciseaux

gom

colle

oefenboek

cahier d'exercices

huiswerk

devoirs

aantal

chiffre

optel

additionner

aftrek

soustraire

maal

multiplier

bereken

calculer

brief

lettre

alaphabet

alphabet

woord

mot

teks
....
texte

lees
....
lire

kryt
....
craie

les
....
leçon

registreer
....
livre de classe

eksamen
....
examen

sertifikaat
....
certificat

skooluniform
....
uniforme scolaire

onderwys
....
formation

ensiklopedie
....
lexique

universiteit
....
université

mikroskoop
....
microscope

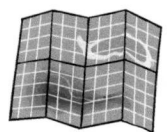

kaart
....
carte

vullisdrom
....
corbeille à papier

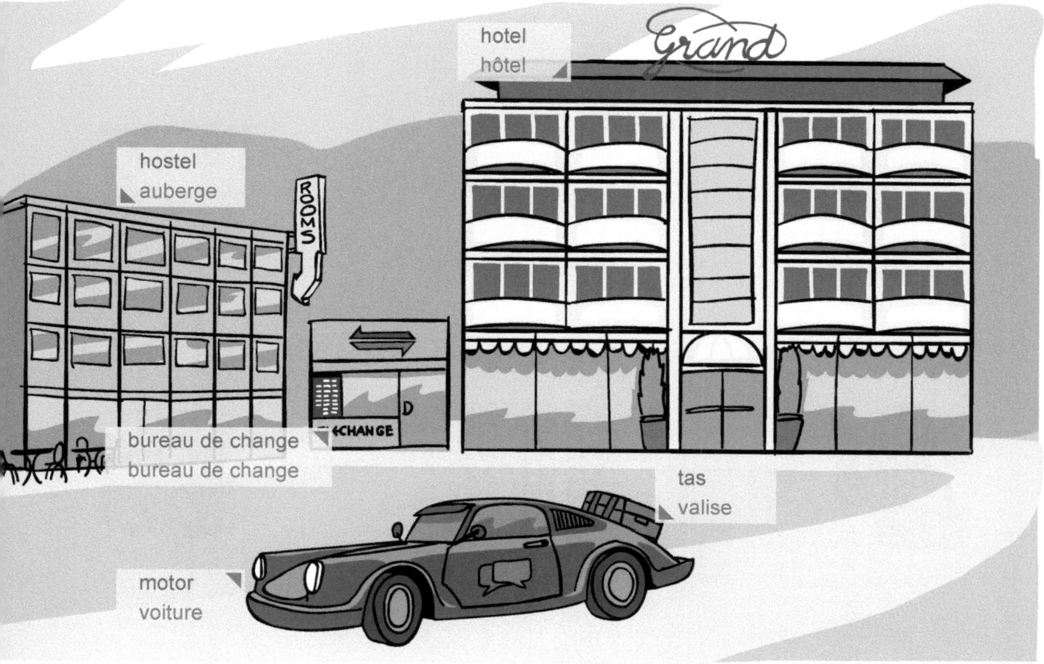
hotel
hôtel
Grand
hostel
auberge
ROOMS
EXCHANGE
bureau de change
bureau de change
tas
valise
motor
voiture

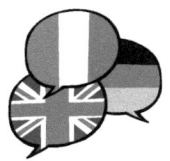

taal

langue

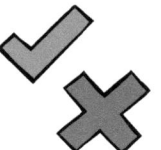

ja / nee

oui / non

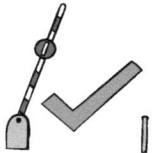

Goed

d'accord

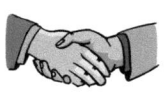

hallo

Salut

vertaler

interprète

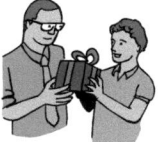

Dankie

merci

hoeveel is...?

Combien coûte...?

Ek verstaan nie

Je ne comprends pas

probleem

problème

Goeie naand!

Bonsoir !

Goeie môre!

Bonjour !

Goeie nag!

Bonne nuit !

totsiens

Au revoir

rigting

direction

bagasie

bagages

sak

sac

rugsak

sac-à-dos

gas

hôte

kamer

pièce

slaapsak

sac de couchage

tent

tente

toeriste-inligting

office de tourisme

strand

plage

kredietkaart

carte de crédit

ontbyt

petit-déjeuner

middagete

déjeuner

aandete

dîner

kaartjie

billet

hysbak

ascenseur

posseël

timbre

grens

frontière

doeane

douane

ambassade

ambassade

visum

visa

paspoort

passeport

reis - voyage

vervoer

transport

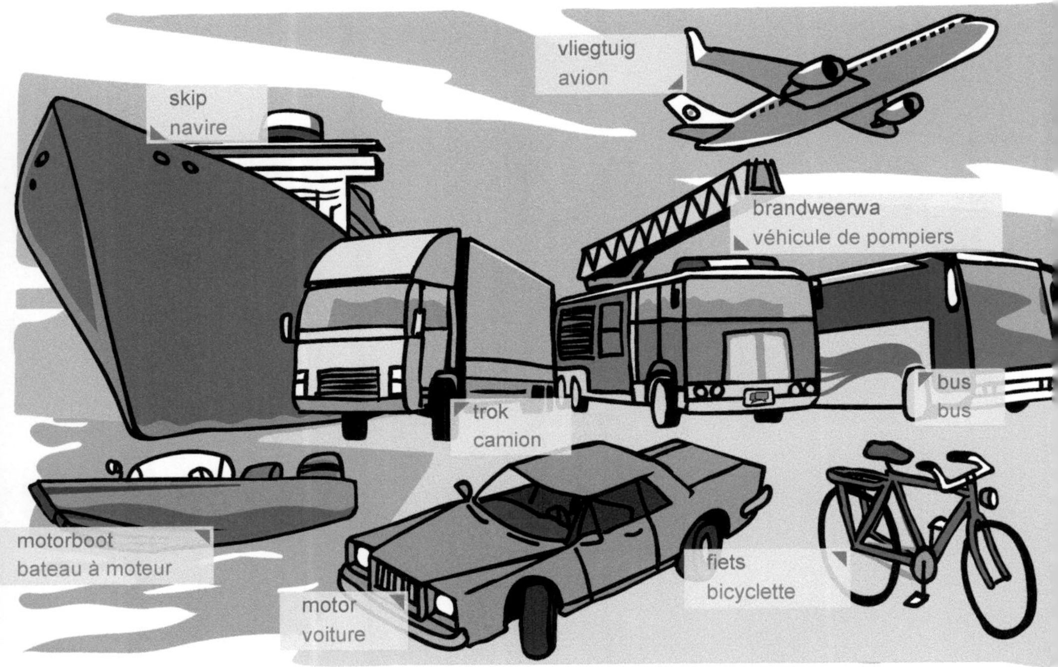
vliegtuig
avion
skip
navire
brandweerwa
véhicule de pompiers
bus
bus
trok
camion
motorboot
bateau à moteur
fiets
bicyclette
motor
voiture

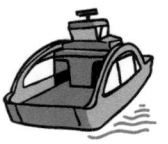

veerboot

ferry

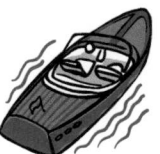

boot

barque

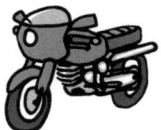

motorfiets

moto

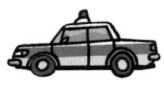

polisiemotor

voiture de police

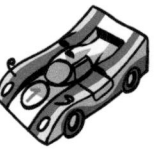

renmotor

voiture de course

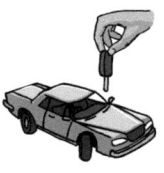

huurmotor

voiture de location

car-sharing

auto-partage

insleepvoertuig

voiture de remorquage

vullisverwydering

benne à ordures

enjin

moteur

brandstof

essence

vulstasie

station d'essence

verkeersteken

panneau indicateur

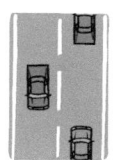

verkeer

trafic

verkeersknoop

embouteillage

parkeerplek

parking

stasie

gare

spore

rails

trein

train

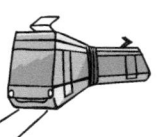

tram

tramway

wa

wagon

helikopter

hélicoptère

lughawe

aéroport

toring

tour

passasier

passager

houer

conteneur

karton

carton

karretjie

chariot

mandjie

corbeille

opstyg / land

décoller / atterrir

stad

ville

dorpie

village

middestad

centre-ville

huis

maison

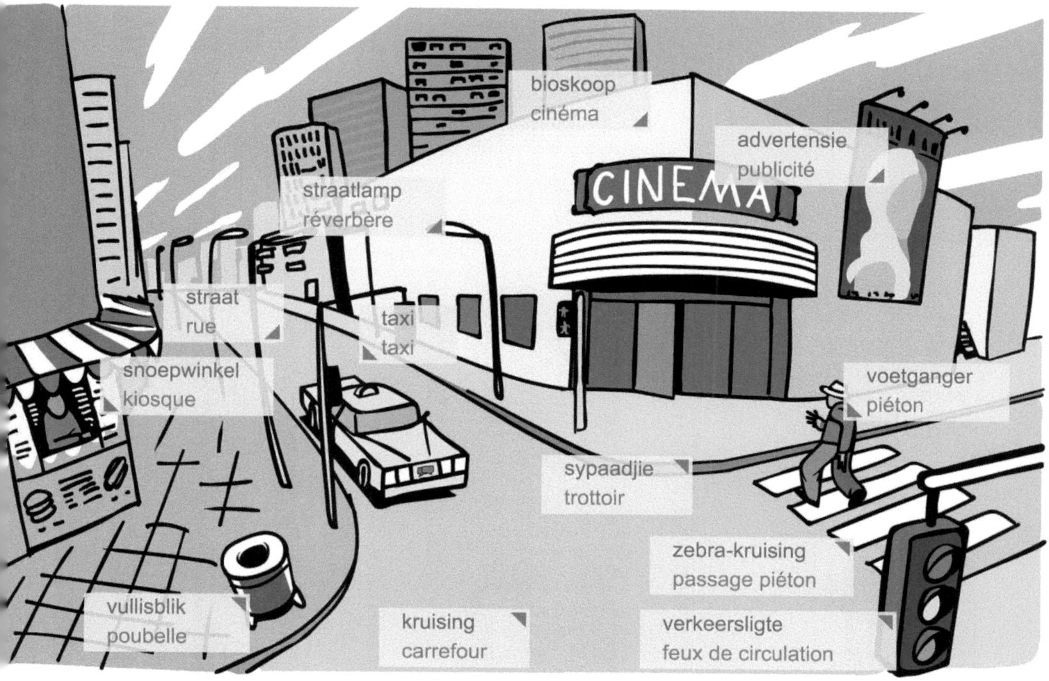

bioskoop
cinéma

advertensie
publicité

straatlamp
réverbère

CINEMA

straat
rue

taxi
taxi

snoepwinkel
kiosque

voetganger
piéton

sypaadjie
trottoir

zebra-kruising
passage piéton

vullisblik
poubelle

kruising
carrefour

verkeersligte
feux de circulation

hut

cabane

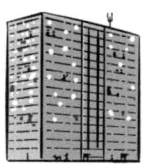

woonstel

appartement

stasie

gare

stadsaal

mairie

museum

musée

skool

école

stad - ville

universiteit
université

bank
banque

hospitaal
hôpital

hotel
hôtel

apteek
pharmacie

kantoor
bureau

boekwinkel
librairie

winkel
magasin

bloemis
fleuriste

supermark
supermarché

mark
marché

handelshuis
grand magasin

viswinkel
poissonnerie

inkopiesentrum
centre commercial

hawe
port

park
parc

bankie
banque

brug
pont

trappe
escaliers

moltrein
métro

tonnel
tunnel

bushalte
arrêt de bus

kroeg
bar

restaurant
restaurant

posbus
boîte à lettres

straatnaambord
panneau indicateur

parkeermeter
parcmètre

dieretuin
zoo

swembad
piscine

moskee
mosquée

plaas

ferme

besoedeling

pollution

begraafplaas

cimetière

kerk

église

speelgrond

aire de jeux

tempel

temple

landskap
paysage

blaar
feuille

padwyser
panneau indicateur

pad
chemin

weiland
pré

klip
pierre

voetslaner
randonneur

boom
arbre

rivier
rivière

gras
herbe

blom
fleur

vallei

vallée

heuwel

montagne

meer

lac

bos

forêt

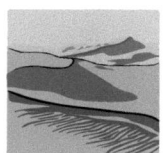

woestyn

désert

vulkaan

volcan

kasteel

château

reënboog

arc-en-ciel

sampioen

champignon

palmboom

palmier

muskiet

moustique

vlieg

mouche

mier

fourmis

by

abeille

spinnekop

araignée

miskruier
coléoptère

padda
grenouille

eekhoring
écureuil

krimpvarkie
hérisson

haas
lièvre

uil
chouette

voël
oiseau

swaan
cygne

wildevark
sanglier

takbok
cerf

elk
élan

opgaardam
barrage

windturbine
éolienne

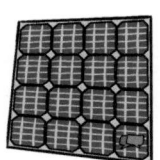

sonpaneel
panneau solaire

klimaat
climat

restaurant
restaurant

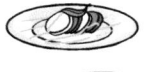

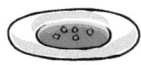

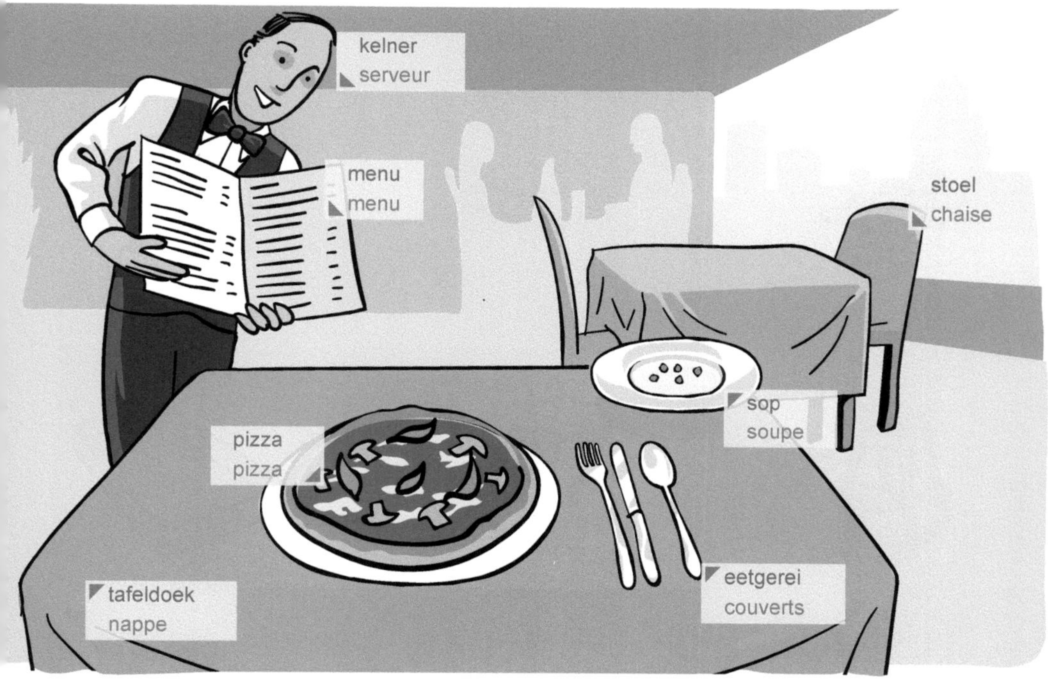

kelner
serveur
menu
menu
stoel
chaise
sop
soupe
pizza
pizza
tafeldoek
nappe
eetgerei
couverts

voorgereg

hors d'œuvre

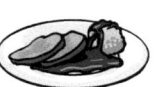

hoofgereg

plat principal

nagereg

dessert

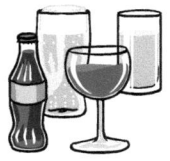

drankies

boissons

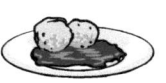

kos

alimentation

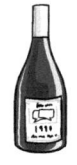

bottel

bouteille

kitskos

fast-food

straatkos

plats à emporter

teepot

théière

suikerverpakking

sucrier

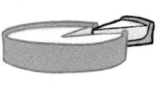

porsie

portion

espresso masjien

machine à expresso

hoë stoel

chaise haute

rekening

facture

skinkbord

plateau

mes

couteau

vurk

fourchette

lepel

cuillère

teelepel

cuillère à thé

servet

serviette

glas

verre

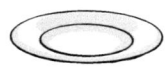

gereg

assiette

sopbakkie

assiette à soupe

piering

soucoupe

sous

sauce

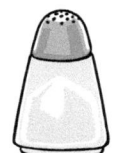

soutpot

salière

pepermeul

moulin à poivre

asyn

vinaigre

olie

huile

speserye

épices

tamatiesous

ketchup

mosterd

moutarde

mayonaise

mayonnaise

supermark

supermarché

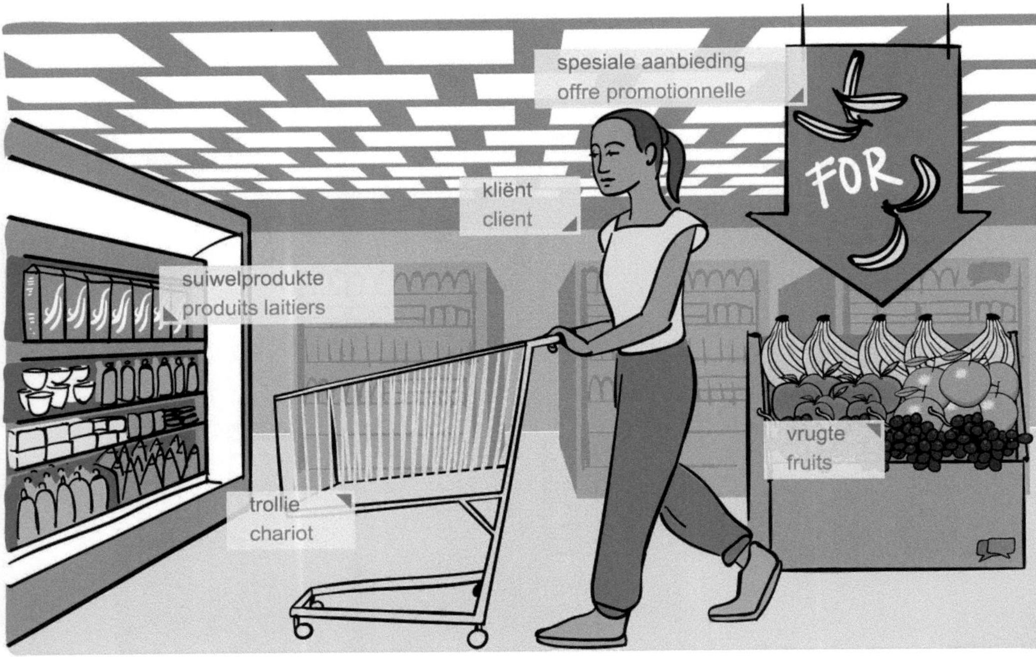

spesiale aanbieding
offre promotionnelle
FOR
kliënt
client
suiwelprodukte
produits laitiers
vrugte
fruits
trollie
chariot

BUTCHERS

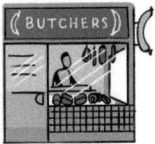

slaghuis

boucherie

BAKERY

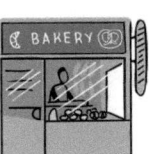

bakkery

boulangerie

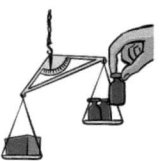

weeg

peser

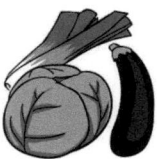

groente

légumes

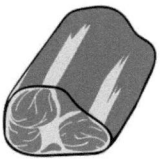

vleis

viande

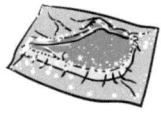

bevrore voedsel

aliments surgelés

kouevleis

charcuterie

blikkieskos

conserves

waspoeier

poudre à lessive

lekkers

bonbons

huishoudelike produkte

articles ménagers

skoonmaakprodukte

détergents

verkoopsvrou

vendeuse

kasregister

caisse

kassier

caissier

inkopielys

liste d'achats

besigheidsure

heures d'ouverture

beursie

portefeuille

kredietkaart

carte de crédit

sak

sac

plastieksak

sac en plastique

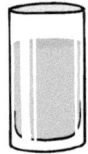

water

eau

sap

jus de fruit

melk

lait

coke

coca

wyn

vin

bier

bière

alkohol

alcool

kakao

chocolat chaud

tee

thé

koffie

café

espresso

expresso

cappuccino

cappuccino

piesang

banane

appel

pomme

lemoen

orange

waatlemoen

melon

suurlemoen

citron

wortel

carotte

knoffel

ail

bamboes

bambou

ui

oignon

sampioen

champignon

neute

noisettes

noedels

pâtes

spaghetti

spaghetti

rys

riz

slaai

salade

aartappelskyfies

pommes frites

gebraaide aartappels

pommes de terre rôties

pizza

pizza

hamburger

hamburger

toebroodjie

sandwich

kotelet

escalope

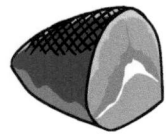

ham

jambon

salami

salami

wors

saucisse

hoender

poulet

braaivleis

rôti

vis

poisson

hawermoutflokkies

flocons d'avoine

muesli

muesli

graanvlokkies

cornflakes

meel

farine

croissant

croissant

broodrolletjie

petits-pains

brood

pain

roosterbrood

pain grillé

koekies

biscuits

botter

beurre

dikmelk

le fromage blanc

koek

gâteau

eier

œuf

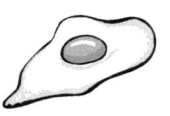

gebraaide eier

œuf au plat

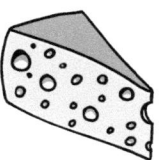

kaas

fromage

roomys
....
glace

suiker
....
sucre

heuning
....
miel

konfyt
....
confiture

nougat-smeer
....
crème nougat

kerrie
....
curry

plaas
ferme

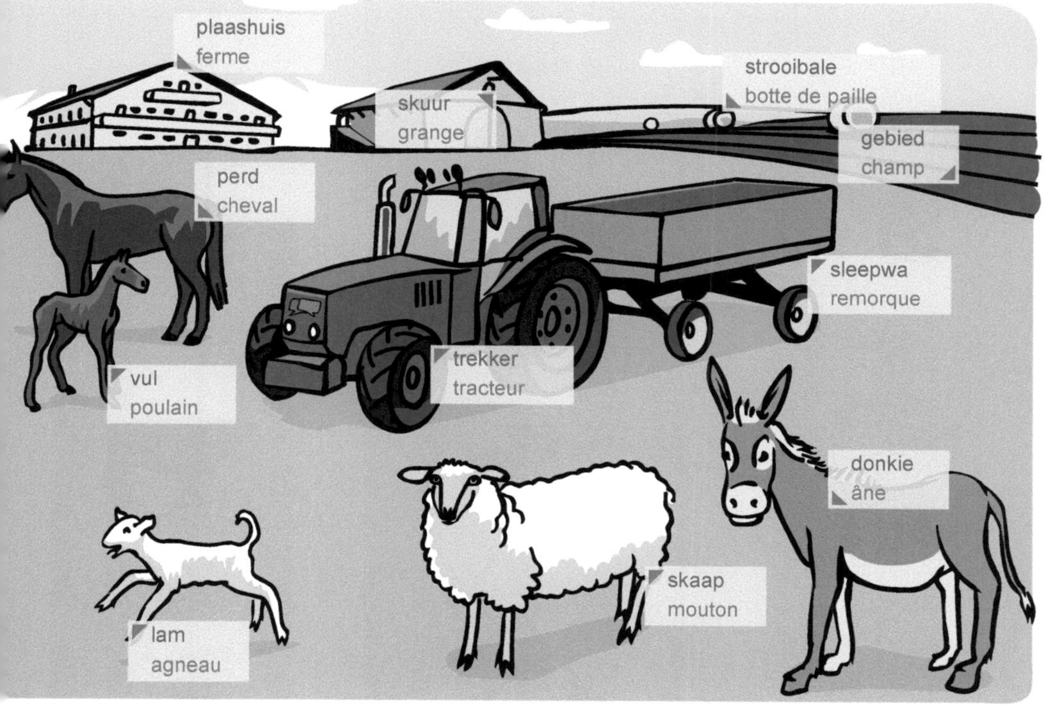
plaashuis
ferme
skuur
grange
strooibale
botte de paille
gebied
champ
perd
cheval
sleepwa
remorque
trekker
tracteur
vul
poulain
donkie
âne
skaap
mouton
lam
agneau

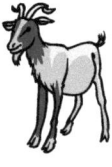

bok

chèvre

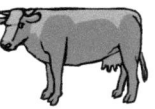

koei

vache

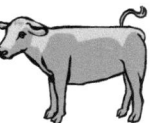

kalf

veau

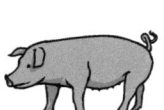

vark

porc

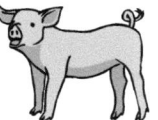

varkie

porcelet

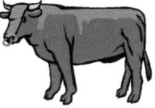

bul

taureau

gans
oie

eend
canard

kuiken
poussin

hen
poule

haan
coq

rot
rat

kat
chat

muis
souris

os
bœuf

hond
chien

hondehok
chenil

tuinslang
tuyau de jardin

gieter
arrosoir

sens
faucheuse

ploeg
charrue

sekel
faucille

skoffel
pioche

gaffel
fourche

byl
hache

kruiwa
brouette

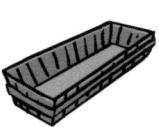

trog
cuve

melkkan
pot à lait

sak
sac

heining
clôture

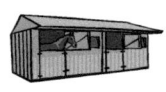

stal
étable

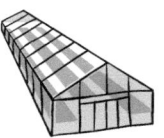

kweekhuis
serre

grond
sol

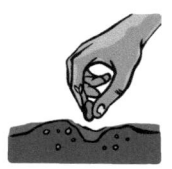

saad
semences

kunsmis
engrais

stroper
moissonneuse-batteuse

plaas - ferme

oes
....
récolter

oes
....
récolte

yam
....
igname

koring
....
blé

soja
....
soja

aartappel
....
pomme de terre

koring
....
maïs

raapsaad
....
colza

vrugteboom
....
arbre fruitier

broodwortel
....
manioc

graan
....
céréales

huis
maison

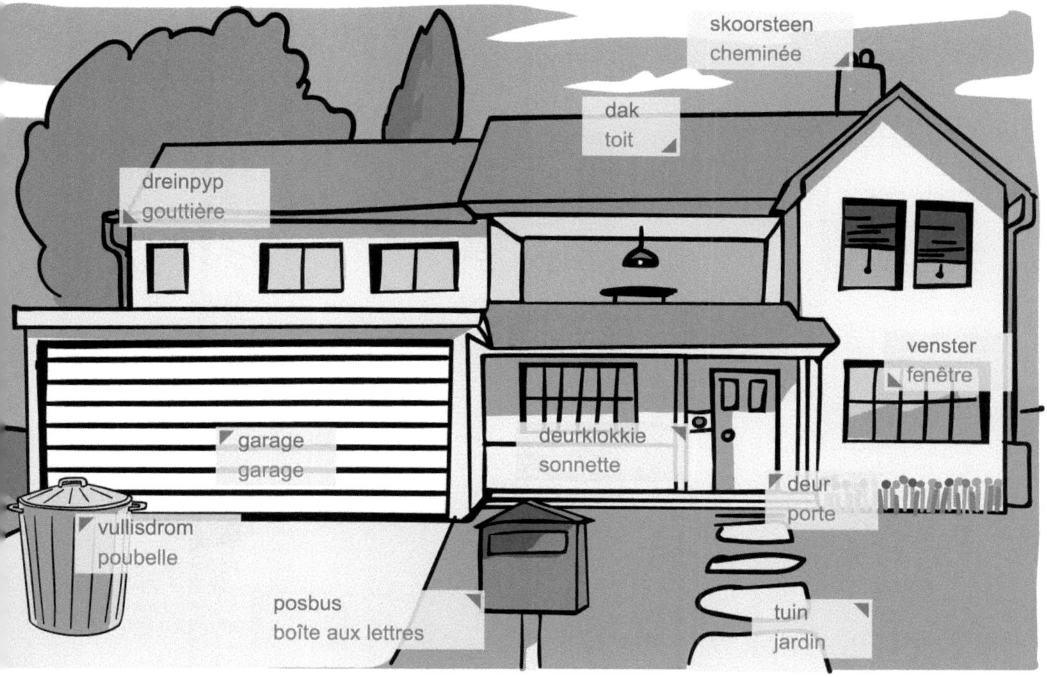
skoorsteen
cheminée
dak
toit
dreinpyp
gouttière
venster
fenêtre
garage
garage
deurklokkie
sonnette
deur
porte
vullisdrom
poubelle
posbus
boîte aux lettres
tuin
jardin

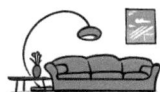

woonkamer

salon

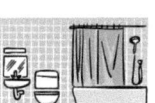

badkamer

salle de bain

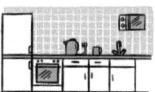

kombuis

cuisine

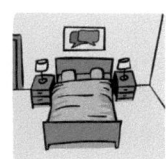

slaapkamer

chambre à coucher

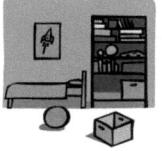

kinderkamer

chambre d'enfant

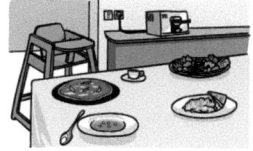

eetkamer

salle à manger

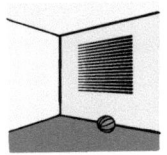

vloer

sol

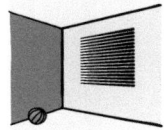

muur

mur

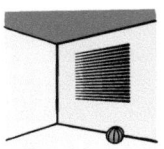

plafon

plafond

kelder

cave

sauna

sauna

balkon

balcon

terras

terrasse

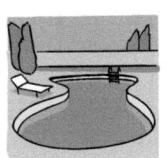

swembad

piscine

grassnyer

tondeuse à gazon

beddegoedoortreksel

housse

deken

couette

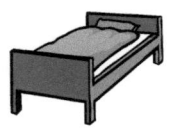

bed

lit

besem

balai

emmer

sceau

skakelaar

interrupteur

woonkamer
salon

muurpapier
papier peint
prentjie
image
lamp
lampe
rak
étagère
kas
armoire
televisie
télé
kaggel
cheminée
blom
fleur
kussing
coussin
rusbank
sofa
vaas
vase
afstandbeheer
télécommande

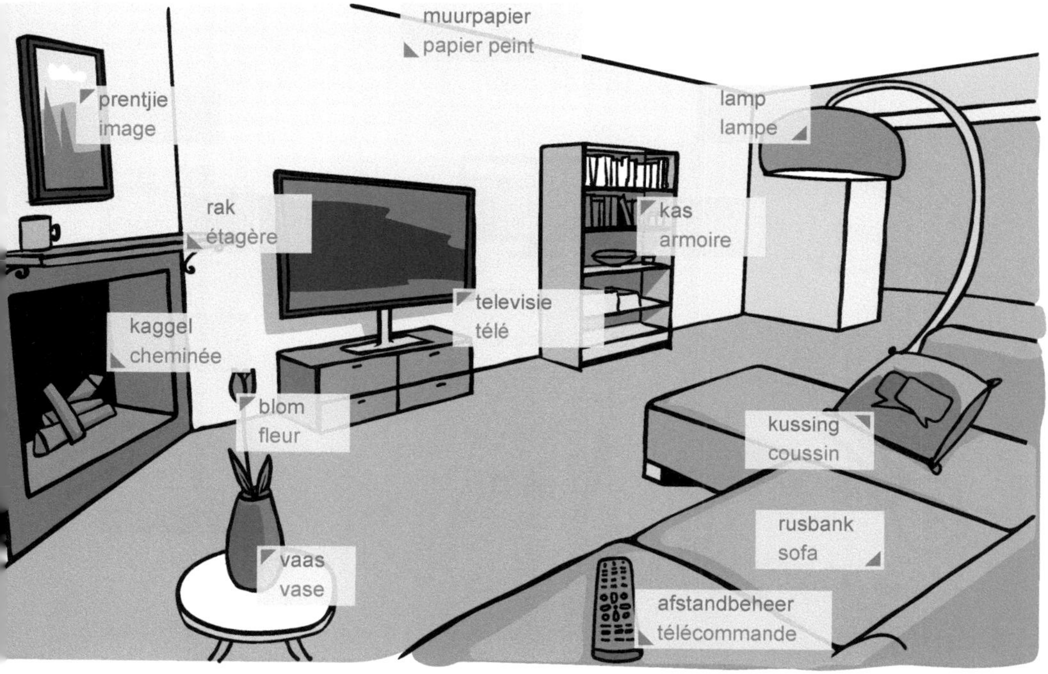

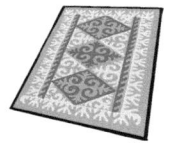

mat

tapis

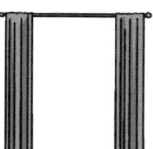

gordyn

rideau

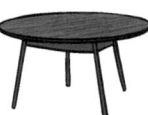

tafel

table

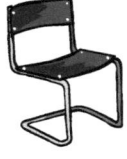

stoel

chaise

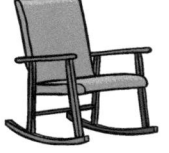

wiegstoel

chaise à bascule

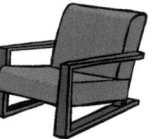

leunstoel

fauteuil

boek

livre

kombers

couverture

versiering

décoration

vuurmaakhout

bois de chauffage

film

film

hoëtroustel

chaîne hi-fi

sleutel

clé

koerant

journal

skildery

peinture

plakkaat

poster

radio

radio

notaboekie

bloc-notes

stofsuier

aspirateur

kaktus

cactus

kers

bougie

kombuis
cuisine

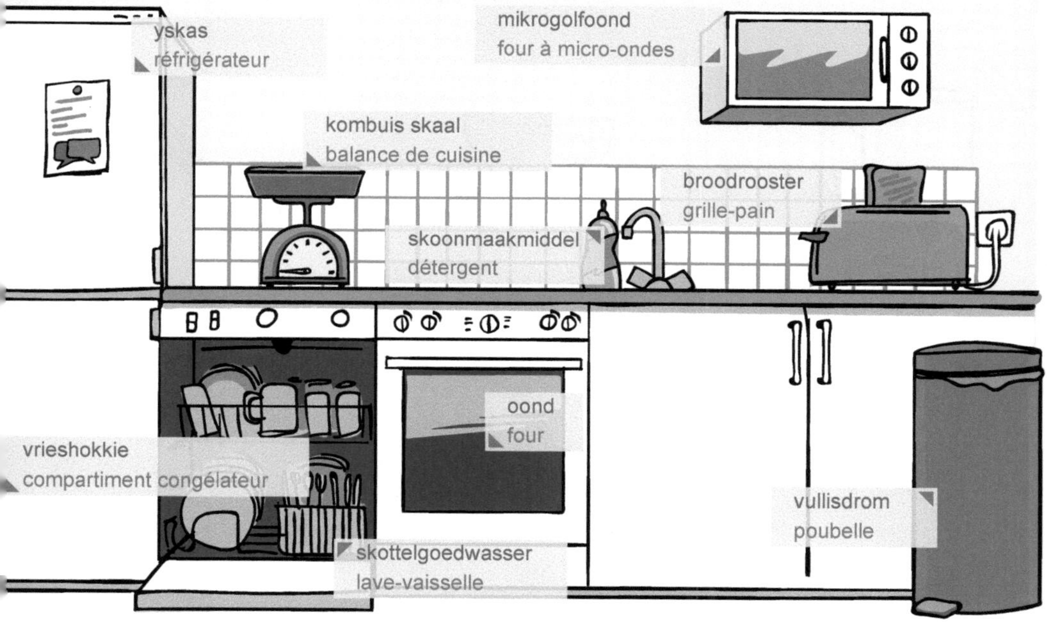
yskas
réfrigérateur
mikrogolfoond
four à micro-ondes
kombuis skaal
balance de cuisine
broodrooster
grille-pain
skoonmaakmiddel
détergent
oond
four
vrieshokkie
compartiment congélateur
vullisdrom
poubelle
skottelgoedwasser
lave-vaisselle

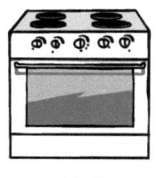

drukkoker

four

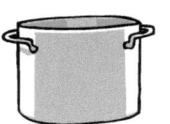

pot

casserole

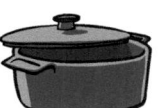

ysterpot

marmite

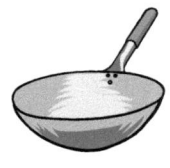

wok / kadai

wok / kadai

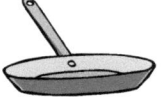

pan

poêle

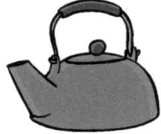

ketel

bouilloire electrique

stoomkoker

cuiseur vapeur

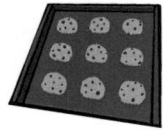

bakplaat

plaque de cuisson

breekware

vaisselle

beker

gobelet

bak

coupe

eetstokkie

baguettes

skeplepel

louche

spatel

spatule

klitser

fouet

sif

passoire

sif

tamis

rasper

râpe

vysel

mortier

braai

barbecue

oop vuur

cheminée

broodplank

planche à découper

koekroller

rouleau à pâtisserie

kurktrekker

tire-bouchon

kan

boîte

blikoopmaker

ouvre-boîte

vatlap

maniques

opwasbak

lavabo

borsel

brosse

spons

éponge

menger

mixeur

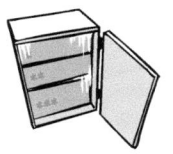

vrieskas

congélateur

bababottel

biberon

kraan

robinet

kombuis - cuisine

badkamer
salle de bain

verwarming
chauffage
handdoek
serviette
stort
douche
stortgordyn
rideau de douche
borrel bad
bain moussant
bad
baignoire
glas
verre
wasmasjien
machine à laver
kraan
robinet
teëls
carrelage
potjie
pot
opwasbak
lavabo

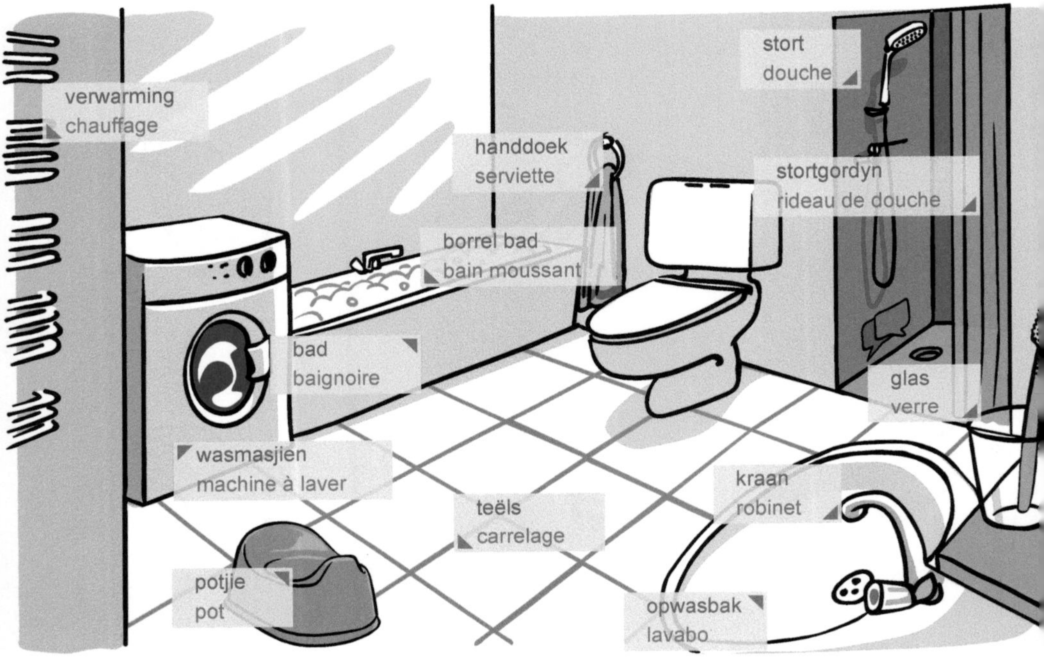

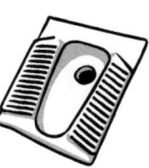

toilet
toilettes

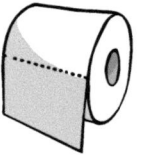

hurktoilet
toilette à la turque

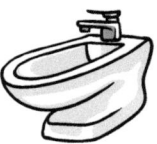

bidet
bidet

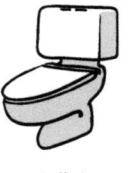

urinaal
urinoir

toiletpapier
papier toilette

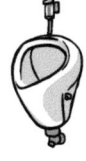

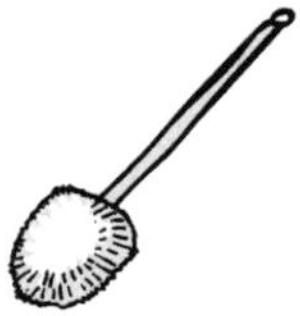

toiletborsel
brosse à toilette

tandeborsel

brosse à dents

tandepasta

dentifrice

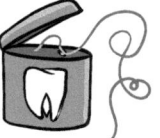

tande vlos

fil dentaire

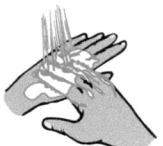

was

laver

handstort

douche manuelle

stort

douche intime

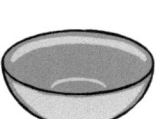

wasbak

vasque

rugkantborsel

brosse dorsale

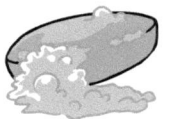

seep

savon

stortgel

gel douche

sjampoe

shampooing

flanel

gant de toilette

drein

écoulement

room

crème

reukweerder

déodorant

spieël

miroir

spieëltjie

miroir cosmétique

skeermes

rasoir

skeerroom

mousse à raser

naskeermiddel

après-rasage

kam

peigne

borsel

brosse

haardroër

sèche-cheveux

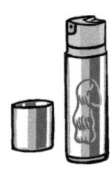

haarsproei

laque pour cheveux

grimmering

fond de teint

lipstifie

rouge à lèvres

naellak

vernis à ongles

watte

ouate

naelknipper

coupe-ongles

parfuum

parfum

toiletsakkie

trousse de toilette

stoel

tabouret

skaal

pèse-personne

badjas

peignoir

rubberhandskoene

gants de nettoyage

tampon

tampon

sanitêre handdoek

serviettes hygiéniques

chemiese toilet

toilette chimique

kinderkamer
chambre d'enfant

wekker
réveil
snoesige speelding
doudou
speelgoedkarretjie
voiture jouet
ratel
hochet
pophuis
maison de poupée
geskenk
cadeau

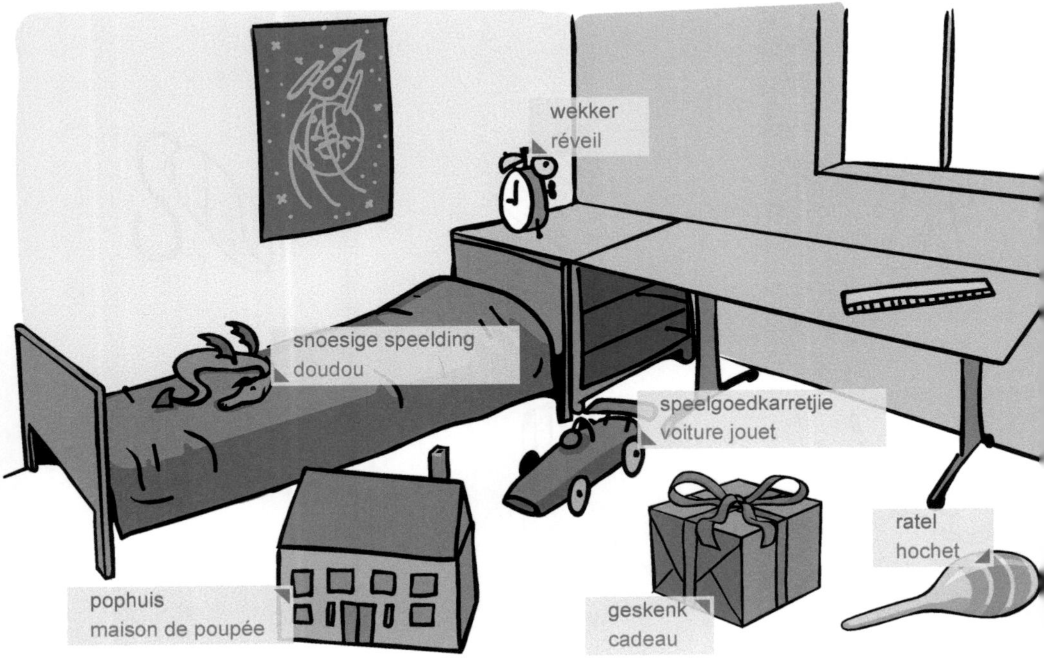

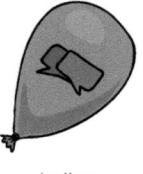

ballon
....
ballon

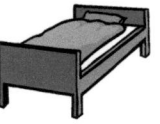

bed
....
lit

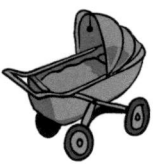

stootwaentjie
....
poussette

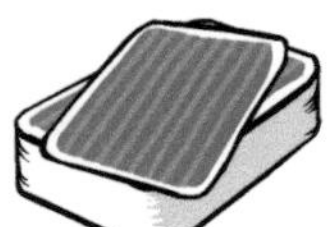

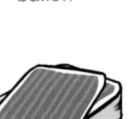

kaartespel
....
jeu de cartes

legkaart
....
puzzle

SUPER MEGA

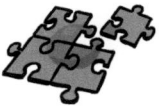

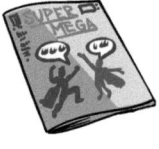

tekenprent
....
bande dessinée

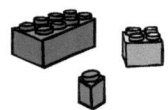

lego-blokkies

pièces lego

speelgoedblokke

blocs de construction

animasieheld

figurine

groeipakkie

grenouillère

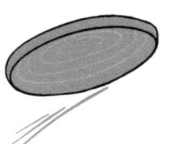

frisbee

frisbee

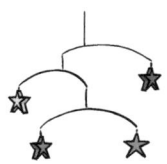

mobile

mobile

bordspeletjie

jeu de société

dobbelsteen

dé

model trein stel

train miniature

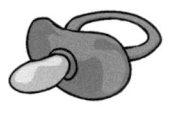

fopspeen

sucette

partytjie

fête

prenteboek

livre d'images

bal

balle

pop

poupée

speel

jouer

sandput

bac à sable

swaai

balançoire

speelgoed

jouets

videospeletjie-konsole

console de jeu

driewiel

tricycle

teddiebeer

ours en peluche

klerekas

armoire

klere

vêtements

sokkies

chaussettes

kouse

bas

broekiekouse

collant

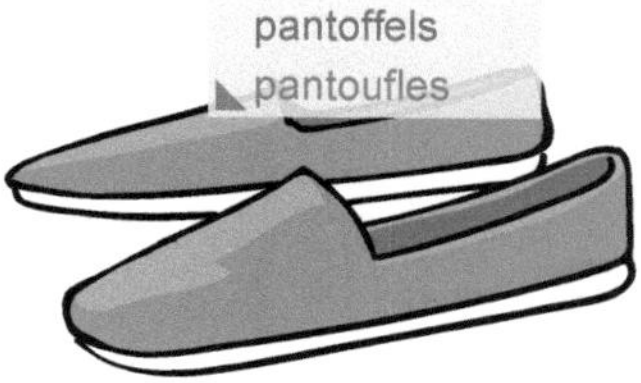

serp
écharpe

belt
ceinture

sambreel
parapluie

t-hemp
t-shirt

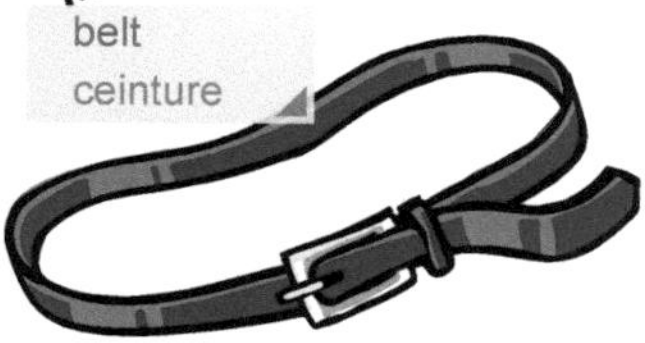

tekkies
baskets

skoene
bottes

pantoffels
pantoufles

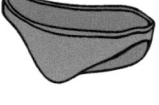  

sandale
················
sandales

skoene
················
chaussures

rubber stewels
················
bottes de caoutchouc

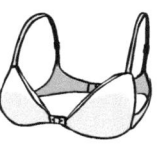 

onderbroek
················
sous-vêtements

bra
················
soutien-gorge

onderbaadjie
················
maillot de corps

klere - vêtements 45

liggaam
body

broek
pantalon

jeans
jean

romp
jupe

bloes
chemisier

hemp
chemise

oortrektrui
pull

oortrektrui
sweat à capuche

baadjie
veste

baadjie
veste

jas
manteau

reënjas
imperméable

kostuum
costume

rok
robe

trourok
robe de mariée

pak
costume

nagrok
chemise de nuit

pajamas
pyjama

sari
sari

kopdoek
foulard

tulband
turban

burqa
burqa

kaftan
caftan

abaya
abaya

swembroek
maillot de bain

swembroek
maillot de bain

kortbroek
short

sweetpak
tenue d'entraînement

voorskoot
tablier

handskoene
gants

knoppie

bouton

bril

lunettes

armband

bracelet

halssnoer

collier

ring

bague

oorbel

boucle d'oreille

pet

bonnet

klerehanger

cintre

hoed

chapeau

das

cravate

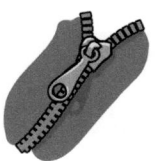

rits

fermeture éclair

helmet

casque

draadjies

bretelles

skooluniform

uniforme scolaire

uniform

uniforme

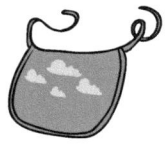

bib

bavoir

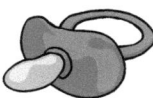

fopspeen

sucette

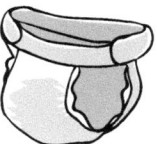

doek

lange

kantoor

bureau

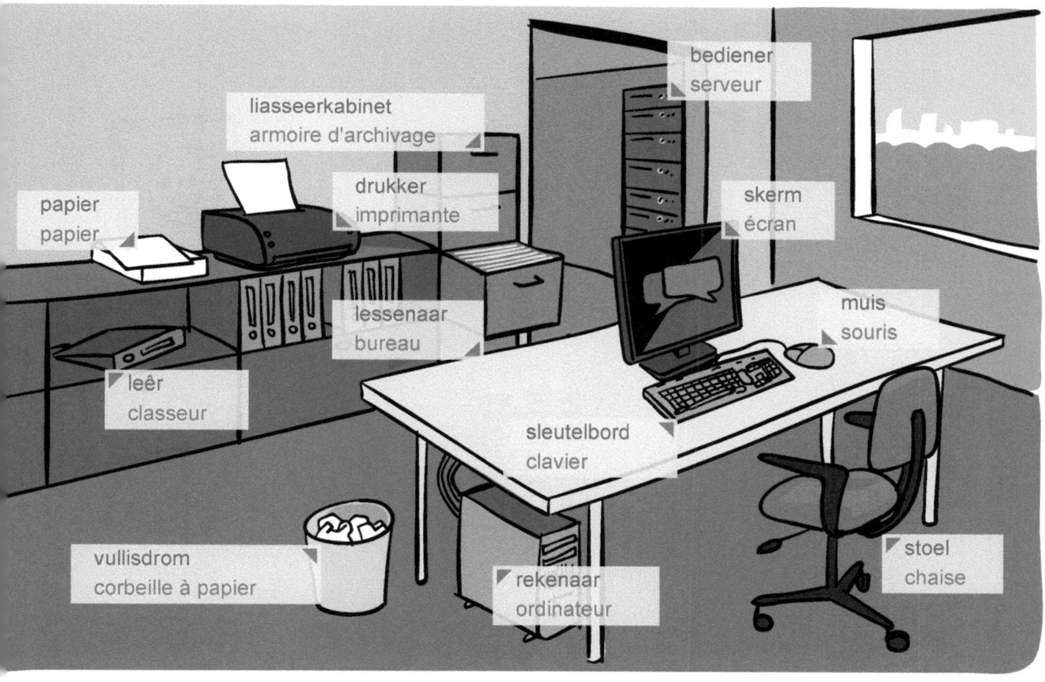
bediener
serveur
liasseerkabinet
armoire d'archivage
drukker
imprimante
papier
papier
skerm
écran
muis
souris
lessenaar
bureau
leêr
classeur
sleutelbord
clavier
vullisdrom
corbeille à papier
rekenaar
ordinateur
stoel
chaise

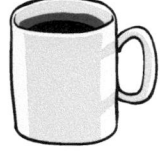

koffiebeker

tasse de café

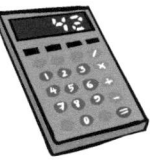

sakrekenaar

calculatrice

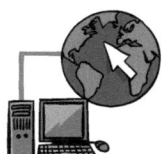

internet

internet

skootrekenaar

ordinateur portable

brief

lettre

boodskap

message

selfoon

portable

netwerk

réseau

fotostaatmasjien

photocopieuse

sagteware

logiciel

telefoon

téléphone

muurprop

prise

faksmasjien

fax

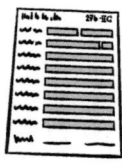

vorm

formulaire

dokument

document

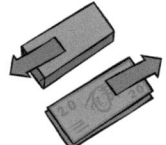

koop

acheter

betaal

payer

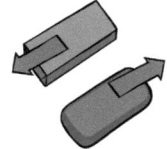

besigheid doen

faire du commerce

geld

monnaie

 **USD**

dollar

dollar

 **EUR**

euro

euro

 **JPY**

yen

yen

 **RUB**

roebel

rouble

 **CHF**

switserse frank

franc suisse

 **CNY**

renminbi yuan

renminbi yuan

 **INR**

rupee

roupie

kontantteller (ATM)

distributeur automatique

bureau de change

bureau de change

goud

or

silwer

argent

olie

pétrole

energie

énergie

prys

prix

kontrak

contrat

belasting

taxe

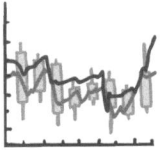

aandele

action

werk

travailler

werknemer

employé

werkgewer

employeur

fabriek

usine

winkel

magasin

beroepe
professions

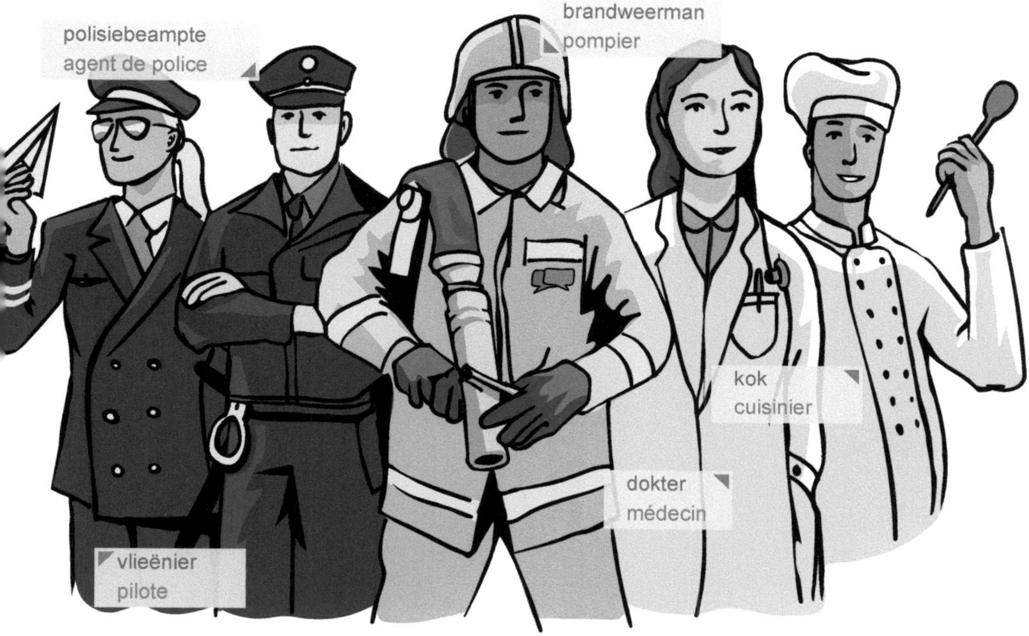
polisiebeampte
agent de police
brandweerman
pompier
kok
cuisinier
dokter
médecin
vlieënier
pilote

tuinier

jardinier

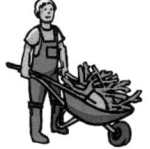

timmerman

menuisier

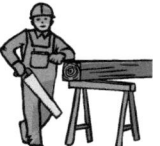

naaldwerkster

couturière

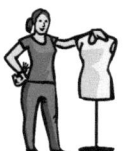

regter

juge

chemikus

chimiste

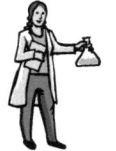

akteur

acteur

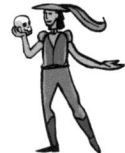

busbestuurder

conducteur de bus

taxibestuurder

chauffeur de taxi

visserman

pêcheur

skoonmaakvrou

femme de ménage

dakwerker

couvreur

kelner

serveur

jagter

chasseur

skilder

peintre

bakker

boulanger

elektrisiën

électricien

bouer

ouvrier

ingenieur

ingénieur

slagter

boucher

loodgieter

plombier

posman

facteur

soldaat
soldat

argitek
architecte

kassier
caissier

bloemiste
fleuriste

haarkapper
coiffeur

kondukteur
contrôleur

werktuigkundige
mécanicien

kaptein
capitaine

tandarts
dentiste

wetenskaplike
scientifique

rabbi
rabbin

imam
imam

monnik
moine

predikant
prêtre

beroepe - professions

gereedskap
outils

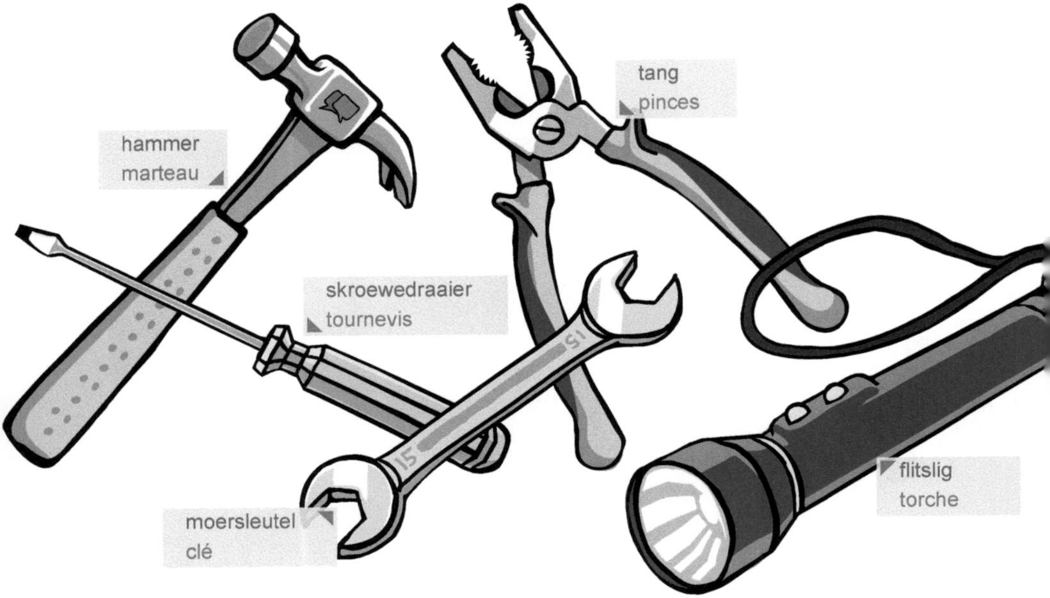
hammer
marteau
tang
pinces
skroewedraaier
tournevis
moersleutel
clé
flitslig
torche

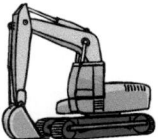

graaftoestel

pelleteuse

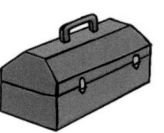

gereedskapskis

boîte à outils

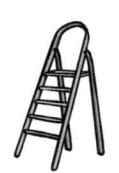

leer

échelle

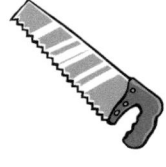

saag

scie

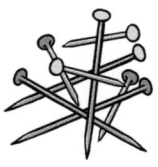

naels

clous

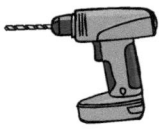

boor

perceuse

regmaak

réparer

graaf

pelle

verdomp!

Mince !

skoppie

pelle

verfpot

pot de peinture

skroewe

vis

musiekinstrumente
instruments de musique

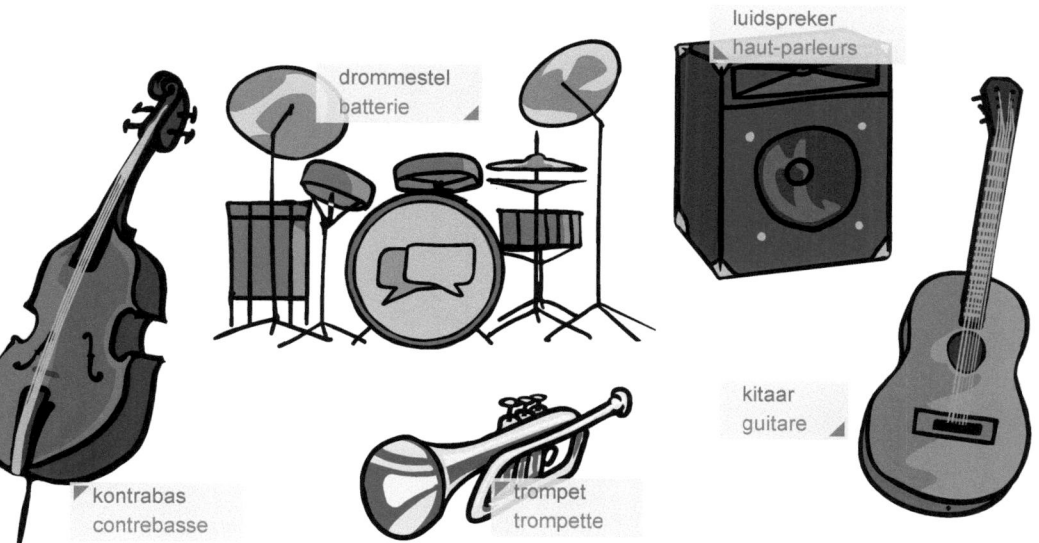

kontrabas
contrebasse

drommestel
batterie

luidspreker
haut-parleurs

kitaar
guitare

trompet
trompette

klavier

piano

viool

violon

bas

basse

keteltrom

timbales

dromme

tambour

sleutelbord

piano électrique

saksofoon

saxophone

fluit

flûte

mikrofoon

microphone

ingang
entrée

tier
tigre

hok
cage

zebra
zèbre

veevoer
alimentation animale

panda
panda

diere
animaux

olifant
éléphant

kangaroo
kangourou

renoster
rhinocéros

gorilla
gorille

beer
ours

kameel

chameau

volstruis

autruche

leeu

lion

aap

singe

flamink

flamand rose

papegaai

perroquet

ysbeer

ours polaire

pikkewyn

pingouin

haai

requin

pou

paon

slang

serpent

krokodil

crocodile

dieretuinopsigter

gardien de zoo

rob

phoque

jaguar

jaguar

ponie

poney

luiperd

léopard

seekoei

hippopotame

kameelperd

girafe

arend

aigle

wildevark

sanglier

vis

poisson

skilpad

tortue

walrus

morse

jakkals

renard

gemsbok

gazelle

Amerikaanse Voetbal
american Football

fietsry
cyclisme

tennis
tennis

basketbal
basket-ball

swem
natation

boks
boxe

ys-hokkie
hockey sur glace

sokker
football

pluimbal
badminton

atletiek
athlétisme

handbal
handball

ski
ski

polo
polo

aktiwiteite

activités

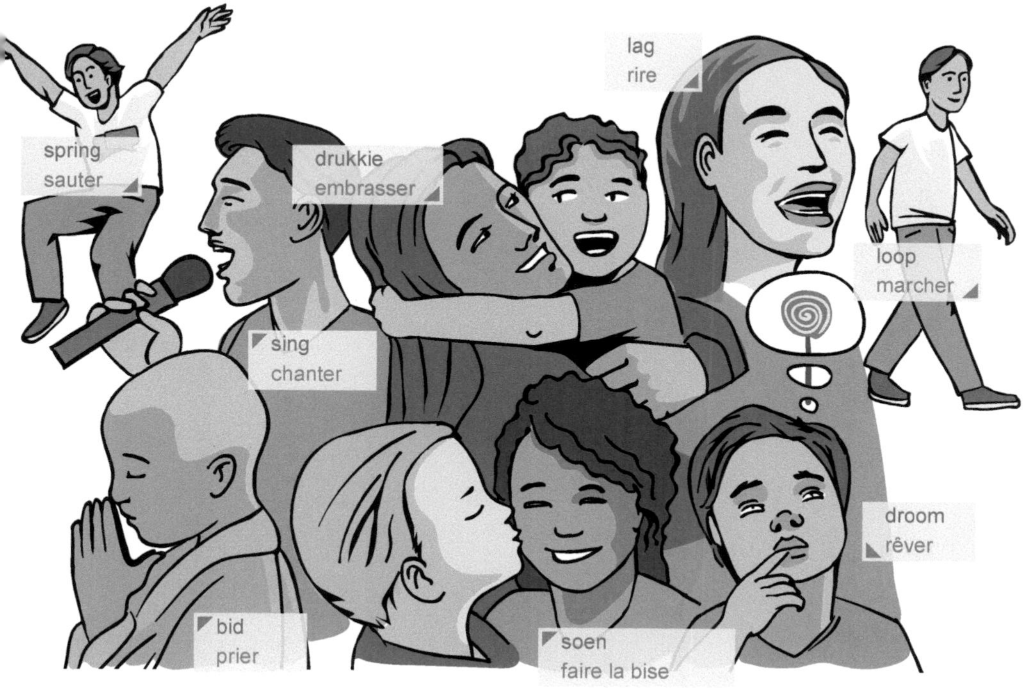
spring
sauter
drukkie
embrasser
lag
rire
loop
marcher
sing
chanter
droom
rêver
bid
prier
soen
faire la bise

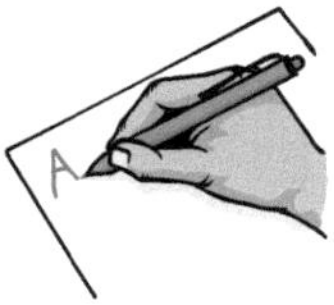

skryf

écrire

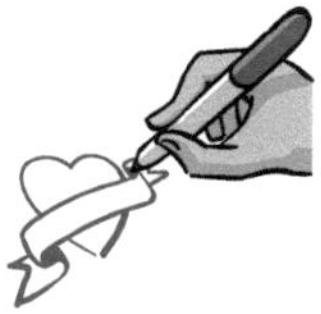

teken

dessiner

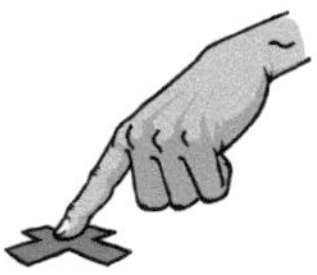

show

montrer

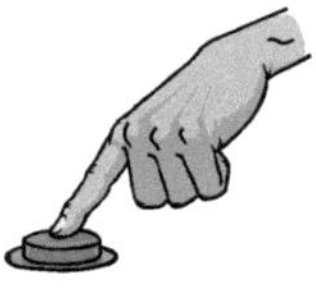

druk

pousser

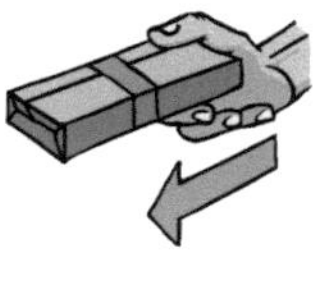

gee

donner

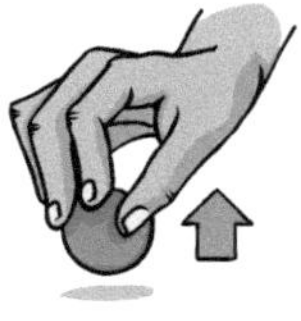

neem

prendre

het
avoir

doen
faire

wees
être

staan
être debout

hardloop
courir

trek
trier

gooi
jeter

val
tomber

jok
être couché

wag
attendre

dra
porter

sit
être assis

aantrek
s'habiller

slaap
dormir

wakker word
se réveiller

kyk na

regarder

huil

pleurer

streel

caresser

kam

peigner

praat

parler

verstaan

comprendre

vra

demander

luister

écouter

drink

boire

eet

manger

opruim

ranger

liefhê

aimer

kook

cuire

ry

conduire

vlieg

voler

aktiwiteite - activités

seil

faire de la voile

bereken

calculer

lees

lire

leer

apprendre

werk

travailler

trou

se marier

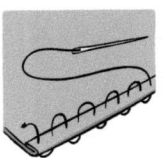

naai

coudre

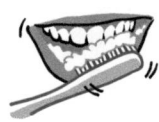

tande borsel

brosser les dents

doodmaak

tuer

rook

fumer

stuur

envoyer

familie
famille

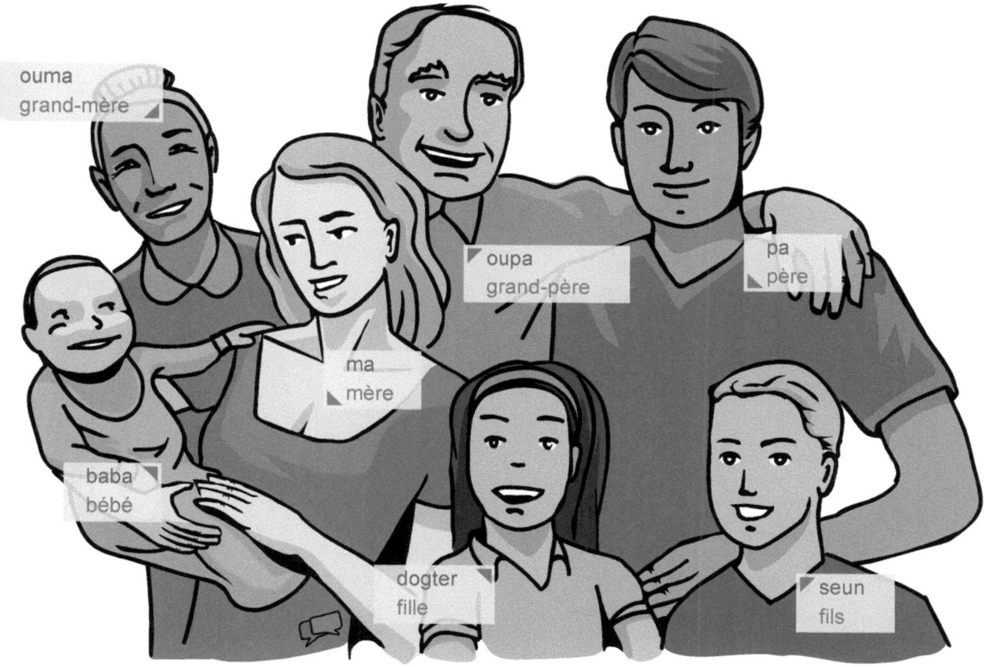
ouma
grand-mère
oupa
grand-père
pa
père
ma
mère
baba
bébé
dogter
fille
seun
fils

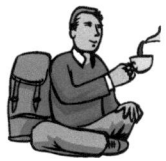

gas
hôte

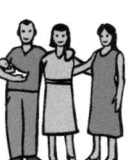

tannie
tante

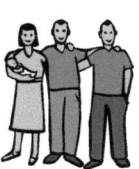

oom
oncle

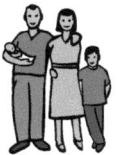

broer
frère

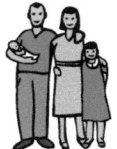

suster
sœur

liggaam

corps

voorkop
front
oog
œil
gesig
visage
ken
menton
bors
poitrine
vinger
doigt
hand
main
arm
bras
skouer
épaule
been
jambe

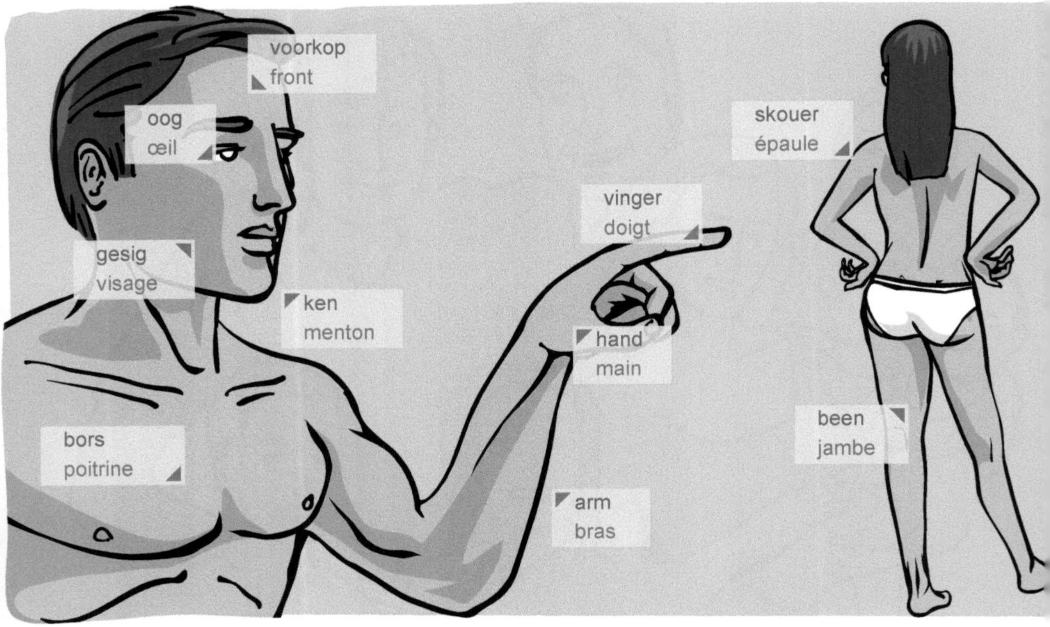

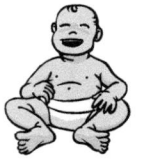

baba

bébé

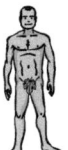

man

homme

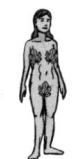

vrou

femme

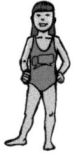

meisie

fille

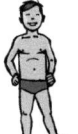

seun

garçon

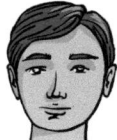

kop

tête

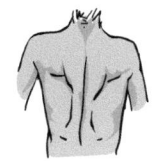

rug
dos

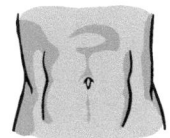

buik
ventre

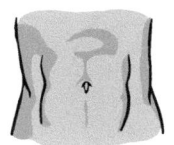

naelstring
nombril

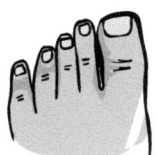

toon
orteil

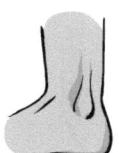

hak
talon

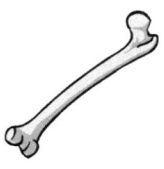

been
os

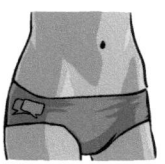

heup
hanche

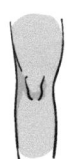

knie
genou

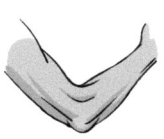

elmboog
coude

neus
nez

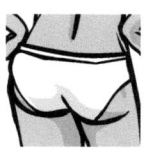

boude
fesses

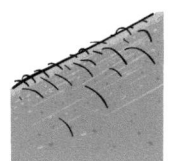

vel
peau

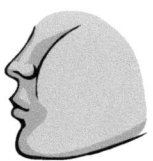

wang
joue

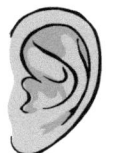

oor
oreille

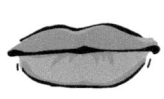

lippe
lèvre

mond
bouche

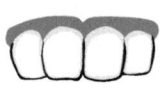

tand
dent

tong
langue

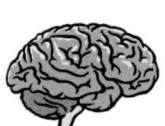

brein
cerveau

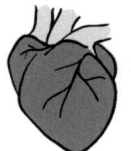

hart
cœur

spiere
muscle

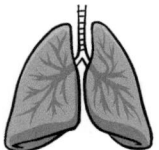

long
poumons

lewer
foie

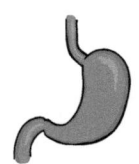

maag
estomac

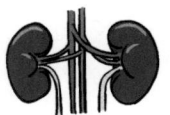

niere
reins

seks
rapport sexuel

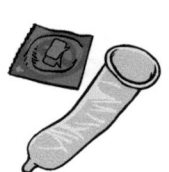

kondoom
préservatif

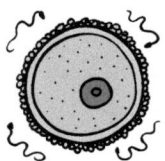

eierstok
ovule

semen
sperme

swangerskap
grossesse

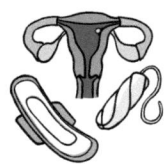

menstruasie

menstruation

vagina

vagin

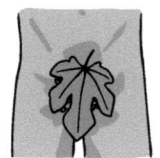

penis

pénis

wenkbrou

sourcil

hare

cheveux

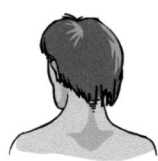

nek

cou

hospitaal
hôpital

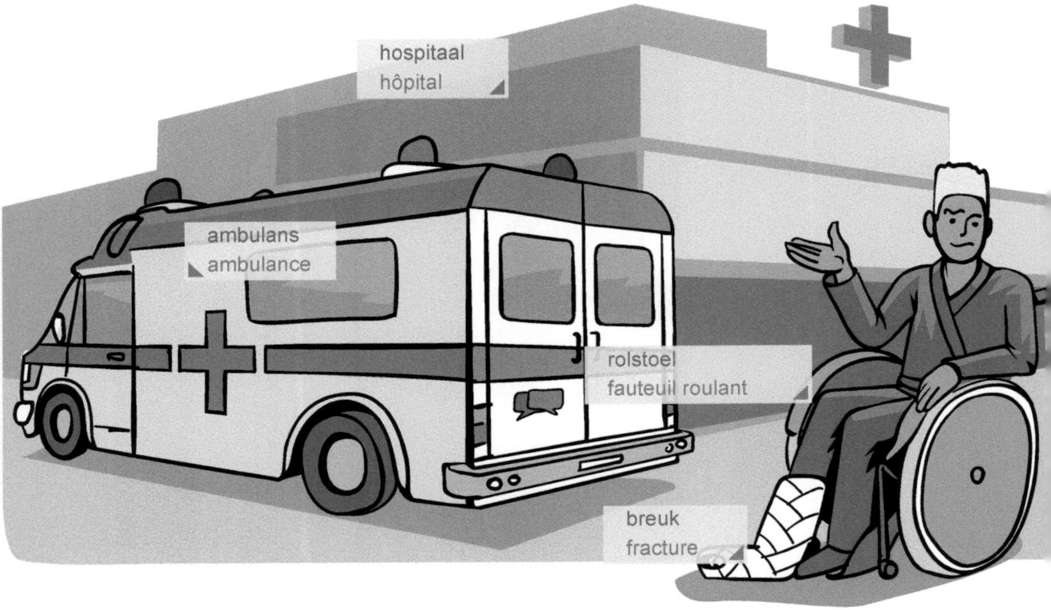

hospitaal
hôpital
ambulans
ambulance
rolstoel
fauteuil roulant
breuk
fracture

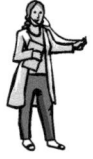

dokter

médecin

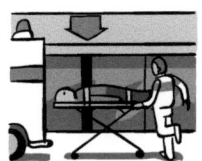

ongevalle

service des urgences

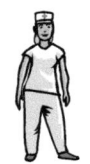

verpleegster

infirmière

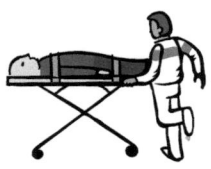

noodgeval

urgence

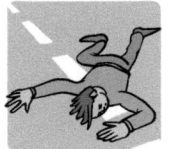

bewusteloos

inconscient

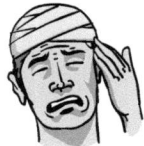

pyn

douleur

besering

blessure

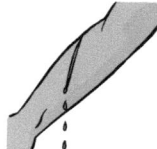

bloeding

hémorragie

hartaanval

crise cardiaque

beroerte

attaque cérébrale

allergie

allergie

hoes

toux

koors

fièvre

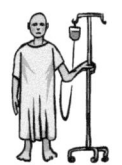

griep

grippe

diarree

diarrhée

hoofpyn

mal de tête

kanker

cancer

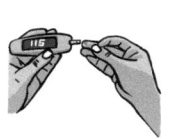

diabetes

diabète

chirurg

chirurgien

skalpel

scalpel

operasie

opération

CT
CT

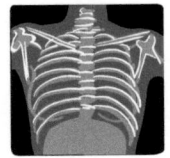

X-straal
radiographie

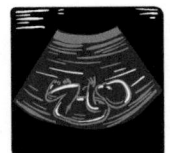

ultraklank
échographie

gesigmasker
masque

siekte
maladie

wagkamer
salle d'attente

kruk
béquille

gips
pansement

verband
pansement

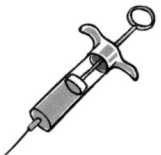

inspuiting
injection

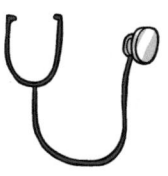

stetoskoop
stéthoscope

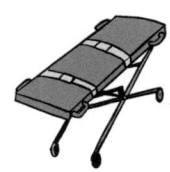

draagbaar
brancard

kliniese termometer
thermomètre

geboorte
accouchement

oorgewig
surcharge pondérale

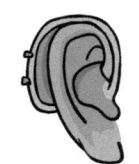

gehoorapparaat

appareil auditif

ontsmettingsmiddel

désinfectant

infeksie

infection

virus

virus

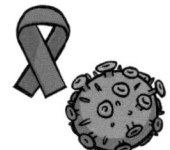

MIV / vigs

VIH / sida

medisyne

médicament

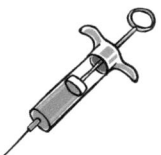

inenting

vaccination

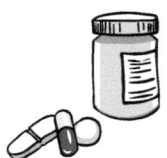

tablette

comprimés

pil

pilule

noodoproep

appel d'urgence

blooddrukmonitor

tensiomètre

siek / gesond

malade / sain

Help!

Au secours !

alarm

alarme

aanranding

assaut

aanval

attaque

gevaar

danger

nooduitgang

sortie de secours

Brand!

Au feu!

brandblusser

extincteur

ongeluk

accident

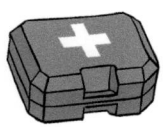

noodhulpkissie

trousse de premier secours

SOS

SOS

polisie

police

Europa

Europe

Noord-Amerika

Amérique du Nord

Suid-Amerika

Amérique du Sud

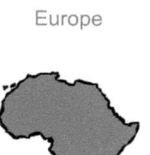

Afrika

Afrique

Asië

Asie

Australië

Australie

Atlantiese Oseaan

Océan atlantique

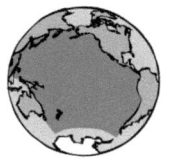

Stille Oseaan

Océan pacifique

Indiese Oseaan

Océan indien

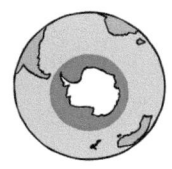

Antarktiese Oseaan

Océan antarctique

Arktiese Oseaan

Océan arctique

Noordpool

pôle nord

Suidpool

pôle sud

Antarktika

Antarctique

aarde

terre

land

pays

see

mer

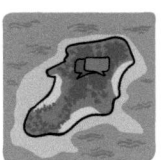

eiland

île

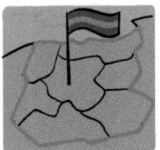

nasie

nation

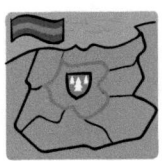

staat

état

horlosie

cadran

uur-aanwyser

aiguille des heures

minuut-aanwyser

aiguille des minutes

sekonde-aanwyser

aiguille des secondes

Hoe laat is dit?

Quelle heure est-il ?

dag

jour

tyd

temps

nou

maintenant

digitale horlosie

montre digitale

minuut

minute

uur

heure

week
semaine

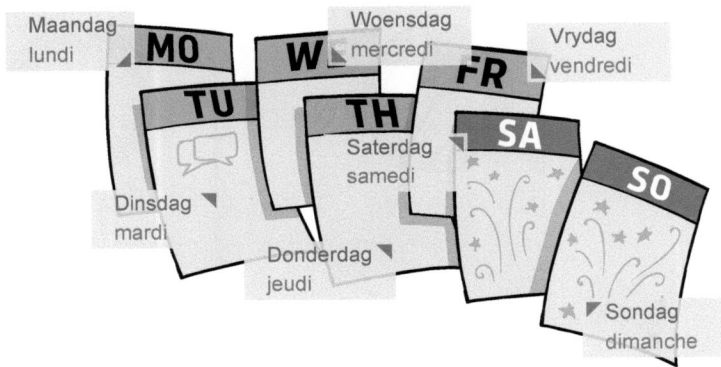

Maandag / lundi — **MO**
Woensdag / mercredi — **W**
Vrydag / vendredi — **FR**
Dinsdag / mardi — **TU**
Donderdag / jeudi — **TH**
Saterdag / samedi — **SA**
Sondag / dimanche — **SO**

gister
....
hier

vandag
....
aujourd'hui

môre
....
demain

oggend
....
matin

middag
....
midi

aand
....
soir

werksdae
....
jours ouvrables

naweek
....
week-end

jaar
année

reën
pluie
reënboog
arc-en-ciel
wind
vent
sneeu
neige
lente
printemps
Herfs
automne
somer
été
winter
hiver

4.APRIL 11°
5.APRIL 4°
6.APRIL 13°
7.APRIL 8°
8.APRIL 10°

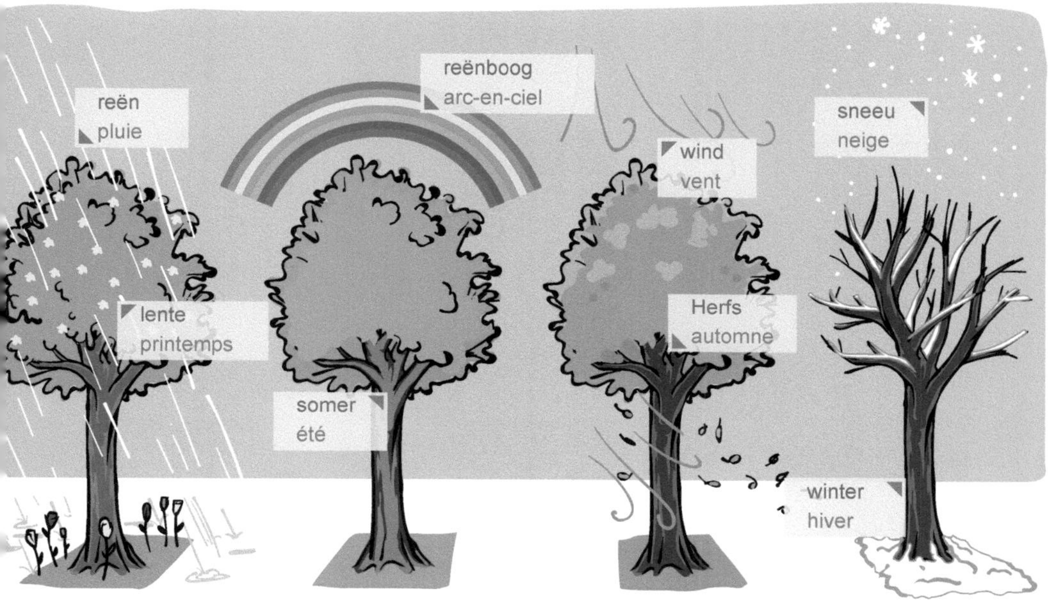

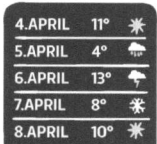

weervoorspelling

météo

F
C

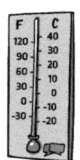

termometer

thermomètre

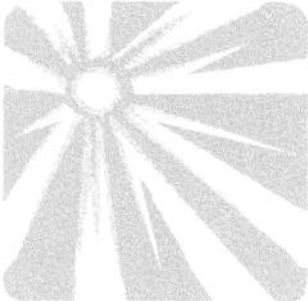

sonskyn

lumière du soleil

wolk

nuage

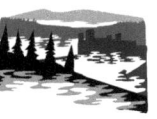

mis

brouillard

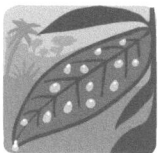

humiditeit

humidité

weerlig

foudre

donderweer

tonnerre

storm

tempête

hael

grêle

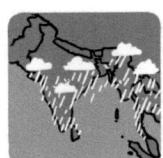

reënseisoen

mousson

vloed

inondation

ys

glace

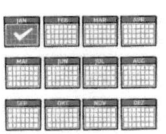

Januarie

janvier

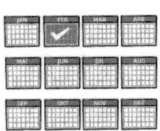

Februarie

février

Maart

mars

April

avril

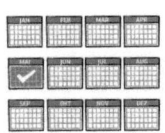

Mei

mai

Junie

juin

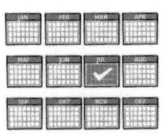

Julie

juillet

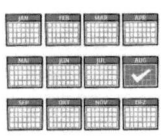

Augustus

août

jaar - année

September
septembre

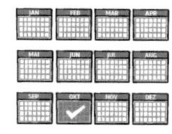

Oktober
octobre

November
novembre

Desember
décembre

vorms
formes

sirkel
cercle

vierkant
carré

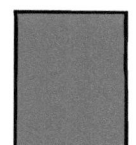

reghoek
rectangle

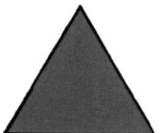

driehoek
triangle

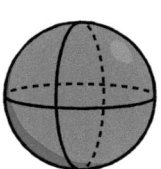

gebied
sphère

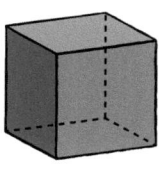

kubus
cube

wit

blanc

geel

jaune

oranje

orange

pink

rose

rooi

rouge

pers

violet

blou

bleu

groen

vert

bruin

marron

grys

gris

swart

noir

'n baie / 'n bietjie

beaucoup / peu

kwaad / kalm

fâché / calme

pragtig / lelik

joli / laid

begin / einde

début / fin

groot / klein

grand / petit

helder / donker

clair / obscure

broer / suster

frère / soeur

skoon / vuil

propre / sale

volledige / onvolledige

complet / incomplet

dag / nag

jour / nuit

dood / lewendig

mort / vivant

wyd / smal

large / étroit

eetbare / oneetbaar

comestible / incomestible

kwaad / vriendelik

méchant / gentil

opgewonde / verveeld

excité / ennuyé

vet / maer

gros / mince

eerste / laaste

premier / dernier

vriend / vyand

ami / ennemi

vol / leeg

plein / vide

hard / sag

dur / souple

swaar / lig

lourd / léger

honger / dors

faim / soif

siek / gesond

malade / sain

onwettige / wettige

illégal / légal

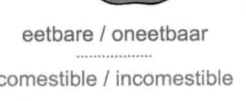

slim / dom

intelligent / stupide

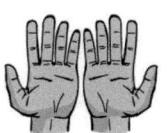

links / regs

gauche / droite

naby / vêr

proche / loin

nuut / tweedehands

nouveau / usé

niks / iets

rien / quelque chose

oud / jonk

vieux / jeune

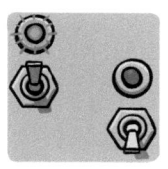

aan / af

marche / arrêt

oop / toe

ouvert / fermé

stil / lawaaierig

faible / fort

ryk / arm

riche / pauvre

reg / verkeerd

correct / incorrect

grof / glad

rugueux / lisse

hartseer / gelukkig

triste / heureux

kort / lank

court / long

stadig / vinnig

lent / rapide

nat / droog

mouillé / sec

warm / koel

chaud / froid

oorlog / vrede

guerre / paix

0

nul

zéro

1

een

un / une

2

twee

deux

3

drie

trois

4

vier

quatre

5

vyf

cinq

6

ses

six

7

sewe

sept

8

agt

huit

9

nege

neuf

10

tien

dix

11

elf

onze

12

twaalf

douze

13

dertien

treize

14

veertien

quatorze

15

vyftien

quinze

16

sestien

seize

17

sewentien

dix-sept

18

agtien

dix-huit

19

negentien

dix-neuf

20

twintig

vingt

100

honderd

cent

1.000

duisend

mille

1.000.000

miljoen

million

Engels

anglais

Amerikaanse Engels

anglais américain

Mandaryns

chinois mandarin

Hindi

hindi

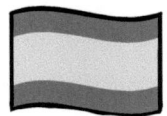

Spaans

espagnol

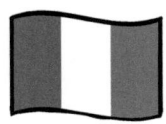

Frans

français

Arabies

arabe

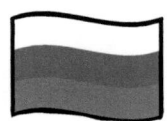

Russies

russe

Portugees

portugais

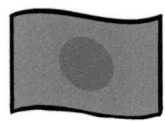

Bengaals

bengali

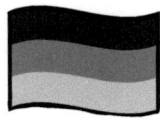

Duits

allemand

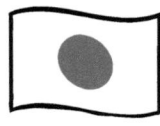

Japanees

japonais

Ek

je

jy

tu

hy / sy / dit

il / elle / ce, c', cela

ons

nous

julle

vous

hulle

ils / elles

wie?

Qui ?

wat?

Quoi ?

hoe?

Comment ?

waar?

Où ?

wanneer?

Quand ?

naam

nom

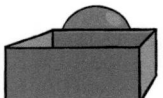

agter

derrière

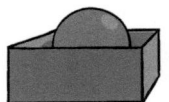

in

dans

voor

devant

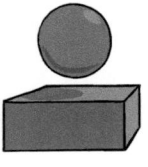

oor

au-dessus

bo-op

sur

onder

en-dessous

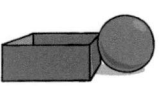

langs

à côté de

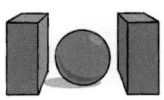

tussen

entre

plek

lieu